QUICHES

Ofenfrisch verführerisch

Autorin: Tanja Dusy | Fotos: Wolfgang Schardt

DIE GU-QUALITÄTS-GARANTIE

Wir möchten Ihnen mit den Informationen und Anregungen in diesem Buch das Leben erleichtern und Sie inspirieren, Neues auszuprobieren. Bei jedem unserer Bücher achten wir auf Aktualität und stellen höchste Ansprüche an Inhalt, Optik und Ausstattung. Alle Rezepte und Informationen werden von unseren Autoren gewissenhaft erstellt und von unseren Redakteuren sorgfältig ausgewählt und mehrfach geprüft. Deshalb bieten wir Ihnen eine 100 %ige Qualitätsgarantie.

Darauf können Sie sich verlassen:
Wir legen Wert darauf, dass unsere Kochbücher zuverlässig und inspirierend zugleich sind.
Wir garantieren:

- dreifach getestete Rezepte
- sicheres Gelingen durch Schritt-für-Schritt-Anleitungen und viele nützliche Tipps
- eine authentische Rezept-Fotografie

Wir möchten für Sie immer besser werden:
Sollten wir mit diesem Buch Ihre Erwartungen nicht erfüllen, lassen Sie es uns bitte wissen! Nehmen Sie einfach Kontakt zu unserem Leserservice auf. Sie erhalten von uns kostenlos einen Ratgeber zum gleichen oder ähnlichen Thema. Die Kontaktdaten unseres Leserservice finden Sie am Ende dieses Buches.

GRÄFE UND UNZER VERLAG
Der erste Ratgeberverlag – seit 1722.

INHALT

TIPPS UND EXTRAS

26 MIT FISCH UND FLEISCH

46 KLEIN UND FEIN

Das grüne Blatt bei den Rezepten heißt fleischloser Genuss: Mit diesem Symbol sind alle vegetarischen Gerichte gekennzeichnet.

GENIAL EINFACH, EINFACH GENIAL!

Kleines Abendessen, Snack für Gäste oder Blickfang auf dem Büfett: Eine Quiche passt immer und ist ganz leicht zu machen.

Ursprünglich war Quiche ein richtiges Bauernessen: Alles, was auf den Höfen reichlich vorhanden war, wie Mehl, Eier, Sahne, Käse und Speck, wanderte hinein. Et voilà: Fertig war die Quiche, deren berühmteste Ahnherrin die Quiche Lorraine, der Lothringer Speckkuchen, ist. Da die Franzosen bekanntlich einen besonderen Sinn fürs Feine haben, wurde aus diesem Rezept ein wunderbar vielfältiges Gericht mit unzähligen Varianten. Das Grundprinzip ist immer ähnlich: ein Teig (meist Mürbeteig), ein Belag und ein Guss, der das Ganze zusammenhält.

UNTEN MÜRBE, OBEN CREMIG

Der klassische Quicheboden ist ein Mürbeteig. Mehl, 1 Prise Salz, reichlich Butter, evtl. 1 Ei und etwas Flüssigkeit, wie Wasser, Milch, Wein oder Essig (er macht den Teig schön blättrig), werden zusammengeknetet und sollten vor dem Backen noch ca. 30 Min. ruhen. Alternativen dazu sind Quark-Öl- oder Quark-Butter-Teig, Hefeteig, Kartoffelteig oder – wenn's schnell gehen soll – auch fertig gekaufter Blätter-, Filo- oder Yufka-Teig.

Beim Belag sind der Fantasie kaum Grenzen gesetzt. Gemüse solo oder bunt gemischt, Fleisch, Wurst, Speck oder Fisch lassen sich immer wieder neu kombinieren – auch Reste sind willkommen. Ein guter Käse ergänzt und hält das Ganze zusammen. Dabei sollte man darauf achten, dass er feine Zutaten geschmacklich nicht überdeckt, aber noch kräftig genug würzt.

Der Guss besteht meist aus Sahne (oder einem anderen Milchprodukt) und Eiern, die Teig und Belag verbinden. Käse verstärkt diese Bindung und sorgt für eine schöne Knusperkruste. Bei sehr milden Belägen kann der Guss ruhig kräftig gewürzt werden – er darf fast etwas »überwürzt« und salzig schmecken. Sind bereits sehr salzige oder aromatische Zutaten (wie Speck oder Sardellen) im Spiel, sollte man beim Abschmecken zurückhaltend sein. Und: Erst 5 – 10 Min., nachdem man die Quiche aus dem Ofen genommen hat, verbinden sich die Zutaten beim Abkühlen optimal. Daher die Quiche vor dem Anschneiden kurz ruhen lassen.

KÄSE ZUM DAHINSCHMELZEN

Was wäre die Quiche ohne Käse? Er sorgt für Aroma, macht die Füllung schön cremig – und ohne ihn gäbe es auch keine leckere Knusperkruste.

Ob Frisch-, Weich- oder Hartkäse: Fast alle Käsesorten eignen sich für Quiches. Wichtig ist der Fettgehalt: Je fetter der Käse, desto schmelziger wird der Guss und desto knuspriger die Kruste. Hartkäse sind meist schön würzig und lassen sich besonders gut reiben. Ideal und fast immer passend sind Allgäuer oder Schweizer Emmentaler (4), der etwas schärfer ist, würziger Appenzeller und der kräftige, aus dem französisch-schweizerischen Grenzgebiet stammende Gruyère oder Greyerzer. Bergkäse kommen aus unterschiedlichen Regionen; sie sind meist ebenfalls recht aromatisch-kräftig. Sollte der Käse etwas milder und neutraler sein, eignet sich alter oder mittelalter Gouda. Parmesan (2) und Pecorino schmelzen kaum, geben der Füllung aber mehr Würze und Aroma.

STARKE CHARAKTERE

Andere Käsesorten mit ganz eigenem, unverwechselbarem Geschmack geben einer Quiche zusätzlich ihr spezielles Aroma. Dazu zählen vor allem die extrem pikanten, manchmal fast scharfen Blauschimmelkäse, wie französischer Roquefort oder italienischer Gorgonzola (1), die sich gegeneinander austauschen lassen. Schafskäse (Feta) und noch extremer Ziegenkäse (3) haben ebenfalls ihren ganz eigenen Geschmack. Wichtig ist dabei, dass Feta kaum schmilzt, sondern seine Form behält – daher wird er fein zerkrümelt. Ziegenkäse wie Ziegenrolle zerfließen oft sehr stark und das »ziegige« Aroma verstärkt sich beim Erhitzen.

BUNTE GEMÜSEQUICHE

Mürbeteig, Belag und Guss – 1,2,3, fertig ist die Quiche!
Mit dem einfachen Grundrezept lassen sich viele Varianten backen.

1 120 g Butter in Flöckchen schneiden (oder ca. 20 Min. in das Tiefkühlfach legen und auf der Rohkostreibe grob raspeln).

2 Das Mehl mit ca. 1/2 TL Salz mischen. Die Butter daraufgeben und alles zwischen den Händen zu feinen Bröseln zerreiben.

3 1 Ei, 2–4 EL Wasser (oder Milch bzw. 2 EL Weißwein/-essig plus Wasser) dazugeben und alles zu einem glatten Teig verkneten.

4 Den Teig zu einer Kugel formen, in Frischhaltefolie wickeln und im Kühlschrank ca. 30 Min. ruhen lassen. Die Form einfetten.

5 Teig auf wenig Mehl ausrollen, in die Form legen und dabei einen Rand formen. Den Boden mehrmals mit einer Gabel einstechen.

6 Bei Belägen, die nur kurz backen, den Teig mit Backpapier auslegen und Hülsenfrüchte einfüllen. Ca. 15 Min. »blind backen«.

MIT GEMÜSE UND KÄSE

Welcher Quiche-Typ sind Sie? Mögen Sie es üppig, mit jeder Menge Gemüse? Sahnig-schmelzend oder lieber knusperkrustig mit Käse? Mir fällt da die Entscheidung schwer. Wenn es Ihnen genauso geht: Hier gibt es im Idealfall alles auf einmal. Meist vegetarisch, aber auch mal mit Speck oder Schinken – nur für den Geschmack, versteht sich …

MÖHREN-ZIEGENKÄSE-QUICHE

Ein Frühlingsgruß aus der Küche und mein heißer Tipp für den Osterbrunch: Milde Möhren und würziger Ziegenfrischkäse ergänzen sich hier aufs Beste.

Für den Teig:
70 g Sonnenblumenkerne
120 g Weizenvollkornmehl
120 g Mehl | Salz
100 g kalte Butter
1 Ei
Butter für die Form
Mehl zum Arbeiten

Für den Belag:
500 g Möhren
2 Zwiebeln
3 Zweige Thymian
1 Zweig Estragon
70 g mittelalter Gouda
2 EL Olivenöl
100 g Crème fraîche
200 g cremiger Ziegenfrischkäse
3 Eier
Salz | Pfeffer

Zum Gäste-Verwöhnen

Für 1 Spring- oder Tarteform von 28 cm ∅ (12 Stücke)
40 Min. Zubereitung | 40 Min. Backen
Pro Stück ca. 315 kcal, 11 g EW, 23 g F, 17 g KH

1 Für den Teig 50 g Sonnenblumenkerne in einer Pfanne ohne Fett rösten, bis sie leicht bräunen und duften. Abkühlen lassen, dann im Blitzhacker grob zermahlen und mit beiden Mehlsorten und 1/2 TL Salz mischen. Butter in Flöckchen dazugeben und alles zwischen den Händen zu Bröseln zerreiben. Ei und 2–3 EL kaltes Wasser dazugeben und alles zu einem glatten Teig verkneten. Zu einer Kugel formen und in Folie gewickelt ca. 30 Min. kühl stellen.

2 Inzwischen für den Belag die Möhren schälen und grob raspeln. Zwiebeln schälen und fein würfeln. Die Kräuter waschen, trocken schütteln, Blätter abzupfen und getrennt fein hacken. Den Gouda reiben. Das Öl in einer großen Pfanne erhitzen und die Zwiebeln darin goldgelb andünsten. Möhren und Thymian dazugeben und unter gelegentlichem Rühren bei mittlerer Hitze ca. 5 Min. garen. Abkühlen lassen.

3 Den Backofen auf 180° vorheizen, die Form einfetten. Den Teig auf der bemehlten Arbeitsfläche ausrollen und in die Form legen, dabei einen Rand formen. Crème fraîche, Frischkäse und Eier gründlich verrühren. Estragon und Gouda unterrühren und alles kräftig mit Salz und Pfeffer würzen. Die Käsemasse mit den Möhren mischen, auf dem Teig verteilen und mit den übrigen Sonnenblumenkernen bestreuen. Die Quiche im Ofen (Mitte) in 35–40 Min. goldgelb backen. Vor dem Anschneiden kurz abkühlen lassen und nach Belieben mit Salat servieren.

QUICHE LORRAINE

250 g Mehl | Salz | 160 g kalte Butter | 5 Eier | 200 g magerer Räucherspeck | 250 g Sahne | 50 ml Milch | Pfeffer | frisch geriebene Muskatnuss | Butter für die Form | Mehl zum Arbeiten

Der Klassiker

Für 1 Springform von 28 cm ∅ (12 Stücke)
40 Min. Zubereitung | 50 Min. Backen
Pro Stück ca. 385 kcal, 7 g EW, 29 g F, 27 g KH

1 Aus Mehl, 1/2 TL Salz, 150 g Butter, 1 Ei und 2–6 EL Wasser nach Grundrezept (siehe S. 6) einen Mürbeteig zubereiten. Zu einer Kugel formen, in Folie wickeln und ca. 30 Min. kühl stellen.

2 Inzwischen den Speck in kleine Würfel schneiden, dabei, falls nötig, die Schwarte vorher entfernen. In einer Pfanne 1 EL Butter zerlassen und den Speck darin anbraten, er sollte nur leicht bräunen. Sahne, Milch und 4 Eier gut verquirlen und den Guss mit Salz, Pfeffer und Muskatnuss würzen.

3 Backofen auf 200° vorheizen, Form einfetten. Den Teig auf der bemehlten Arbeitsfläche ausrollen und in die Form legen, dabei einen Rand formen. Den Boden mit einer Gabel mehrmals einstechen. Die Speckwürfel darauf verteilen und das ausgetretene Speckfett unter den Guss rühren. Den Guss über den Speck gießen und die Quiche im Ofen (Mitte) in ca. 50 Min. goldgelb backen. Vor dem Anschneiden kurz abkühlen lassen.

TIPP

Käse ist im Originalrezept für Lothringer Speckkuchen zwar nicht vorgesehen, sorgt aber für zusätzliches Aroma. Deshalb mische ich zur Abwechslung auch gerne 70 g geriebenen Greyerzer unter den Guss.

LAUCHQUICHE

250 g Mehl | Salz | 150 g kalte Butter | 5 Eier | 5 Stangen Lauch (ca. 1 kg) | 150 g gekochter Schinken (in Scheiben) | 250 g Sahne | Pfeffer | frisch geriebene Muskatnuss | 150 g Bergkäse | Butter für die Form | Mehl zum Arbeiten

Deftig | würzig

Für 1 Springform von 28 cm ∅ (12 Stücke)
40 Min. Zubereitung | 45 Min. Backen
Pro Stück ca. 350 kcal, 13 g EW, 25 g F, 18 g KH

1 Aus Mehl, 1/2 TL Salz, Butter, 1 Ei und 2–6 EL Wasser nach Grundrezept (siehe S. 6) einen Mürbeteig zubereiten. Den Teig zu einer Kugel formen, in Folie wickeln und ca. 30 Min. kühl stellen.

2 Inzwischen Lauch putzen, längs aufschneiden, gründlich waschen und in ca. 1 cm dicke Ringe schneiden. Ausreichend Salzwasser zum Kochen bringen und den Lauch darin 3–4 Min. garen. In ein Sieb abgießen, kalt abbrausen und abtropfen lassen. Den Schinken in Stücke schneiden. 4 Eier und die Sahne verquirlen und alles mit Salz, Pfeffer und Muskatnuss würzen. Den Käse reiben und ca. zwei Drittel davon mit dem Lauch und dem Schinken mischen.

3 Backofen auf 200° vorheizen, Form einfetten. Den Teig auf der bemehlten Arbeitsfläche ausrollen und in die Form legen, dabei einen Rand formen. Den Boden mit einer Gabel mehrmals einstechen. Die Lauch-Schinken-Masse auf dem Boden verteilen, den restlichen Käse darüberstreuen und den Guss darübergießen. Die Quiche im Ofen (Mitte) in ca. 45 Min. goldbraun backen. Vor dem Anschneiden kurz abkühlen lassen.

ORIENTALISCHE KÜRBISQUICHE

Zur Abwechslung mal keine Kürbissuppe in diesem Herbst. Stattdessen gibt es eine curry-ingwer-würzige Überraschungsquiche!

Für den Teig:
100 g Weizenvollkornmehl
150 g Mehl | Salz
125 g kalte Butter | 1 Ei
2 EL Weißweinessig
Butter für die Form
Mehl zum Arbeiten

Für den Belag:
1 Hokkaido-Kürbis (ca. 900 g)
1 Stange Lauch
2 Zwiebeln
1 Knoblauchzehe
1 Stück Ingwer (ca. 4 cm)
1 großer säuerlicher Apfel
Saft von 1/2 Limette
2 EL Butter
1 TL ganzer Kreuzkümmel
1 – 2 TL Currypulver
Salz | Pfeffer
1 Bund Koriandergrün
3 Eier | 250 g Sahne
2 EL Kürbiskerne

Etwas aufwendiger

Für 1 Spring- oder Tarteform von 28 cm ∅ (12 Stücke)
40 Min. Zubereitung | 50 Min. Backen
Pro Stück ca. 285 kcal, 7 g EW, 19 g F, 20 g KH

1 Für den Teig nach Grundrezept (siehe S. 6) einen Mürbeteig zubereiten und diesen in Folie gewickelt ca. 30 Min. kühl stellen.

2 Inzwischen für den Belag den Kürbis schälen und halbieren, Kerne und Fasern herauskratzen. Das Fruchtfleisch auf der Rohkostreibe (oder in der Küchenmaschine) fein raspeln (Bild 1). Lauch putzen, längs halbieren und gründlich waschen, zuerst längs in schmale Streifen und diese in kleine Stücke schneiden. Zwiebeln, Knoblauch und Ingwer schälen und fein würfeln. Den Apfel waschen, vierteln und entkernen. Die Viertel grob raspeln und sofort mit dem Limettensaft mischen.

3 Die Butter in einer Pfanne zerlassen, Zwiebeln, Knoblauch, Ingwer, Lauch und Kreuzkümmel darin bei mittlerer Hitze andünsten, bis Zwiebeln und Lauch leicht bräunen (Bild 2). Kürbis unterrühren und alles mit 1 TL Curry, Salz und Pfeffer würzen. Unter Rühren 2 – 3 Min. dünsten, vom Herd nehmen und den Apfel unterrühren. Koriandergrün waschen, trocken schütteln, Blätter fein hacken und ebenfalls unterrühren. Eier und Sahne verquirlen, mit Salz, Pfeffer und etwas Curry würzen.

4 Den Backofen auf 200° vorheizen, die Form einfetten. Den Teig auf wenig Mehl ausrollen und in die Form legen, dabei einen Rand formen. Die Kürbismasse mit zwei Dritteln des Sahnegusses mischen und auf dem Teig verteilen. Restlichen Guss darübergießen (Bild 3), Kürbiskerne aufstreuen. Die Quiche im Ofen (Mitte) in 40 – 50 Min. goldbraun backen. Herausnehmen und vor dem Anschneiden kurz abkühlen lassen.

1

2

3

CHICORÉEQUICHE

220 g Mehl | Salz | 110 g kalte Butter | 5 Eier | 3 – 4 Stauden Chicorée (ca. 300 g) | Pfeffer | 200 g fester Camembert | 1 großer Apfel | 100 g gekochter Schinken (in Würfeln, nach Belieben) | 200 g Crème fraîche | 200 g Sahne | frisch geriebene Muskatnuss | Butter für die Form | Mehl zum Arbeiten

Üppiger Sattmacher

Für 1 Spring- oder Tarteform von 28 cm ∅ (12 Stücke)
40 Min. Zubereitung | 45 Min. Backen
Pro Stück ca. 355 kcal, 11 g EW, 27 g F, 16 g KH

1 Aus Mehl, 1/2 TL Salz, 100 g Butter, 1 Ei und 2 – 4 EL Wasser nach Grundrezept (siehe S. 6) einen Mürbeteig zubereiten. Den Teig zu einer Kugel formen, in Folie wickeln und im Kühlschrank ca. 30 Min. ruhen lassen.

2 Für den Belag den Chicorée putzen (dabei den Strunk entfernen), waschen, trocken schütteln und in ca. 1 1/2 cm breite Stücke schneiden. In einer Pfanne 1 EL Butter zerlassen und den Chicorée darin unter Rühren 1 – 2 Min. andünsten, salzen, pfeffern und abkühlen lassen. Camembert ca. 1 cm groß würfeln. Apfel waschen, vierteln und entkernen, die Viertel ebenfalls ca. 1 cm groß würfeln.

3 Backofen auf 180° vorheizen, Form einfetten. Den Teig auf wenig Mehl ausrollen und in die Form legen, dabei einen Rand formen. Chicorée, Camembert, Apfel und nach Belieben Schinken mischen und auf dem Boden verteilen. Crème fraîche, Sahne und 4 Eier verquirlen, kräftig mit Salz, Pfeffer und Muskatnuss würzen und über den Belag gießen. Die Quiche im Ofen (Mitte) in 40 – 45 Min. goldbraun backen. Kurz im ausgeschalteten Ofen stehen lassen, dann herausnehmen.

RADICCHIOTARTE

120 g Magerquark | 5 EL Milch | 6 EL Olivenöl | Salz | 220 g Mehl | 1 TL Backpulver | 400 g Radicchio | 1 Knoblauchzehe | 2 EL Puderzucker | Pfeffer | 2 – 3 EL Aceto balsamico | 200 g griechischer Joghurt (10 % Fett) | 150 g Schmand | 3 Eier | 2 EL geriebener Parmesan | Butter für die Form | Mehl zum Arbeiten

Schnell gemacht

Für 1 Spring- oder Tarteform von 28 cm ∅
(12 Stücke)
40 Min. Zubereitung | 35 Min. Backen
Pro Stück ca. 205 kcal, 7 g EW, 12 g F, 17 g KH

1 Quark mit Milch, 4 EL Öl und 1/2 TL Salz glatt rühren. Mehl mit Backpulver mischen, die Hälfte davon mit der Quarkmasse verrühren. Restliches Mehl dazugeben, alles zu einem glatten Teig verkneten. In Folie gewickelt ca. 30 Min. kühl stellen.

2 Radicchio längs vierteln, putzen, waschen und quer in ca. 1 cm breite Streifen schneiden. Knoblauch schälen und fein würfeln. In einer beschichteten Pfanne 2 EL Öl erhitzen, den Knoblauch darin andünsten. Puderzucker darüberstäuben und leicht karamellisieren. Radicchio unterrühren, mit Salz und Pfeffer würzen und zusammenfallen lassen. Mit Essig ablöschen und kurz weitergaren.

3 Backofen auf 200° vorheizen, Form einfetten. Den Teig auf der bemehlten Arbeitsfläche ausrollen und in die Form legen, dabei einen Rand formen. Den Radicchio in ein Sieb geben und ausdrücken. Joghurt, Schmand, Eier und Parmesan verrühren, salzen und pfeffern. Den Guss auf den Teig geben, Radicchio darauf verteilen. Die Tarte im Ofen (Mitte) ca. 35 Min. backen, bis der Guss fest ist, er sollte nicht bräunen. Die Tarte vor dem Anschneiden kurz abkühlen lassen.

KARTOFFEL-ZUCCHINI-KUCHEN

Wenn Pellkartoffeln übrig geblieben sind, steht bei uns am nächsten Tag dieser Gemüsekuchen verführerisch duftend auf dem Tisch.

Für den Teig:
1/4 Würfel Hefe (ca. 10 g)
1/2 TL Zucker
150 ml lauwarme Milch
150 g Mehl
120 g Weizenvollkornmehl
Salz | 80 g weiche Butter
Butter für die Form
Mehl zum Arbeiten
Für den Belag:
400 g Pellkartoffeln (vom Vortag)
2 Zucchini | 1 Zwiebel
1 Knoblauchzehe
75 g schwarze Oliven (ohne Stein)
5 Zweige Thymian
1/2 Bund Petersilie
2 EL Olivenöl
Salz | Pfeffer
100 g Greyerzer
250 g Magerquark
150 ml Milch | 4 Eier

Mediterran inspiriert

Für 1 Spring- oder Tarteform von 28 cm ∅ (12 Stücke)
30 Min. Zubereitung | 1 Std. Gehen | 45 Min. Backen
Pro Stück ca. 285 kcal, 12 g EW, 16 g F, 23 g KH

1 Für den Teig die Hefe in ein Schälchen bröckeln, mit Zucker und 50 ml Milch verrühren und zugedeckt ca. 15 Min. gehen lassen. Beide Mehlsorten mit 1 TL Salz mischen. Den Hefeansatz mit Butter und 100 ml Milch dazugeben, alles mit den Knethaken des Handrührgeräts zu einem glatten Teig verkneten. Mit Mehl bestäuben und zugedeckt an einem warmen Ort ca. 45 Min. gehen lassen.

2 Inzwischen für den Belag Kartoffeln pellen, Zucchini putzen und waschen. Beides getrennt in kleine Würfel schneiden. Zwiebel und Knoblauch schälen und fein würfeln. Die Oliven in Ringe schneiden. Thymian und Petersilie waschen, trocken schütteln, die Blätter getrennt fein hacken. Das Öl in einer Pfanne erhitzen, Zwiebel und Knoblauch darin andünsten. Zucchiniwürfel dazugeben, salzen, pfeffern und unter Rühren braten, bis sie bräunen. Thymian unterrühren, die Pfanne vom Herd nehmen.

3 Backofen auf 200° vorheizen, Form einfetten. Den Teig durchkneten und auf wenig Mehl ausrollen, die Form damit auslegen, dabei einen Rand formen. Den Käse reiben. Quark, Milch und Eier gut verquirlen, mit Salz und Pfeffer würzen. Kartoffeln, Zucchini, Oliven, Käse und Petersilie mischen und auf dem Teig verteilen. Den Guss darübergießen und den Kartoffelkuchen im Ofen (Mitte) in 40–45 Min. goldbraun backen. Herausnehmen und vor dem Anschneiden kurz abkühlen lassen.

MANGOLDWÄHE

180 g Mehl | Salz | 60 g kalte Butter | 750 g Mangold (am besten buntstieliger) | 1 große Zwiebel | 1 Knoblauchzehe | 2 EL Öl | Pfeffer | 2 – 3 EL Weißwein (nach Belieben) | 1 TL gekörnte Gemüsebrühe | 250 g Ricotta | 100 g Sahne | 2 Eier | frisch geriebene Muskatnuss | 2 EL geriebener Parmesan | Butter für die Form | Mehl zum Arbeiten

Gelingt leicht

Für 1 Spring- oder Tarteform von 28 cm ∅
(12 Stücke)
40 Min. Zubereitung | 35 Min. Backen
Pro Stück ca. 190 kcal, 7 g EW, 13 g F, 12 g KH

1 Mehl mit 1/4 TL Salz und Butterflöckchen zwischen den Händen zerreiben. 90 ml kaltes Wasser dazugießen und alles zu einem glatten Teig verkneten. In Folie gewickelt ca. 30 Min. kühl stellen.

2 Inzwischen für den Belag den Strunk vom Mangold entfernen, die Blätter waschen und trocken schütteln. Die Stiele in ca. 1/2 cm, die Blätter in ca. 1 cm breite Streifen schneiden. Zwiebel und Knoblauch schälen und würfeln. Öl in einer Pfanne erhitzen, Zwiebel und Knoblauch darin glasig dünsten. Mangoldstiele dazugeben und unter Rühren ca. 3 Min. anbraten, salzen und pfeffern. Wein, 100 ml Wasser und Brühpulver dazugeben, alles bei mittlerer Hitze ca. 5 Min. garen. Mangoldblätter unterrühren und zusammenfallen lassen.

3 Backofen auf 220° vorheizen, Form einfetten. Teig auf wenig Mehl ausrollen, in die Form legen, dabei einen Rand formen. Ricotta, Sahne und Eier verquirlen, mit Salz, Pfeffer und Muskatnuss würzen. Mangold evtl. ausdrücken, mit Parmesan auf dem Teig verteilen, Guss darübergießen. Im Ofen (Mitte) in 30 – 35 Min. goldbraun backen.

GRÜNE SPARGELWÄHE

1 Portion Wähenteig (siehe S. 20) | 500 g grüner Spargel | Salz | 1 TL Butter | 1 Handvoll Kerbel | 1 Bund Bärlauch | 50 g Sahne | 2 Eier | 1 Eigelb | 150 g Crème fraîche | 2 EL geriebener Parmesan | Pfeffer | 2 Msp. abgeriebene Bio-Zitronenschale | Butter für die Form | Mehl zum Arbeiten

Kräuterfrisch

Für 1 Spring- oder Tarteform von 28 cm ∅ (12 Stücke)
40 Min. Zubereitung | 35 Min. Backen
Pro Stück ca. 185 kcal, 4 g EW, 13 g F, 13 g KH

1 Den Wähenteig aus Mehl, Salz und Butter nach Rezept (siehe S. 20, Schritt 1) zubereiten und kühl stellen. Den Spargel putzen, waschen, im unteren Drittel schälen. Stangen in ca. 4 cm lange Stücke schneiden, Spitzen beiseitelegen. Reichlich Salzwasser mit Butter aufkochen und die Spargelstücke darin ca. 5 Min. garen, nach ca. 3 Min. die Spargelspitzen dazugeben. In ein Sieb abgießen, kalt abbrausen und abtropfen lassen.

2 Kräuter waschen, trocken schütteln, die Blätter fein hacken. 3 EL beiseitelegen, übrige Kräuter mit der Sahne pürieren. Eier, Eigelb, Crème fraîche und Parmesan dazumixen und mit Salz, Pfeffer und Zitronenschale würzen.

3 Backofen auf 200° vorheizen, Form einfetten. Teig auf wenig Mehl ausrollen, in die Form legen und einen Rand formen. Spargel, beiseitegelegte Kräuter und Guss darauf verteilen. Im Ofen (Mitte) 30–35 Min. backen. Vor dem Anschneiden kurz abkühlen lassen.

PASTINAKEN-NUSS-WÄHE

Altes Gemüse in neuem Gewand: Äpfel, Nüsse und scharfe Paprikawurst geben den leicht süßlichen Pastinaken richtig Pep.

Für den Teig:
150 g Dinkelmehl | Salz
100 g gemahlene Haselnüsse
100 g weiche Butter
2 Eigelb
Butter für die Form
Mehl zum Arbeiten
Für den Belag:
800 g Pastinaken
Saft von 1/2 Zitrone
1 Zwiebel
5 Zweige Thymian
2 kleine Äpfel (z. B. Cox Orange)
100 g Chorizo (span. Paprikawurst)
80 g Schweizer Emmentaler
2 EL Butter
Salz | Pfeffer
1 TL gekörnte Gemüsebrühe
300 g Sahne
3 Eier
2 EL grob gehackte Haselnüsse

Deftiger Herbstgenuss

Für 1 Spring- oder Tarteform von 28 cm ∅ (12 Stücke)
40 Min. Zubereitung | 45 Min. Backen
Pro Stück ca. 390 kcal, 11 g EW, 29 g F, 20 g KH

1 Für den Teig das Mehl mit 1/2 TL Salz und den Nüssen mischen. Butter in Flöckchen dazugeben und alles zwischen den Händen zu Bröseln zerreiben. Eigelbe und 1 – 3 EL kaltes Wasser hinzufügen und alles zu einem glatten Teig verkneten. Zu einer Kugel formen und in Folie gewickelt ca. 30 Min. kühl stellen.

2 Inzwischen für den Belag die Pastinaken schälen und auf der Rohkostreibe (oder mit der Küchenmaschine) grob raspeln. Die Raspel sofort mit etwas Zitronensaft mischen, damit sie sich nicht bräunlich verfärben. Zwiebel schälen und fein würfeln. Thymian waschen, trocken schütteln, Blätter hacken. Äpfel waschen, vierteln und entkernen, die Viertel fein würfeln und mit dem übrigen Zitronensaft mischen. Chorizo fein würfeln, den Käse reiben.

3 Die Butter in einer Pfanne zerlassen und die Zwiebel darin goldgelb andünsten. Die Pastinaken dazugeben und unter Rühren anbraten, salzen und pfeffern. Gekörnte Brühe, Thymian und 50 ml Wasser unterrühren. Alles offen bei mittlerer Hitze ca. 5 Min. garen – die ganze Flüssigkeit sollte verdunsten. Die Pfanne vom Herd nehmen, Äpfel und Chorizo unterrühren. Die Sahne und die Eier verquirlen, salzen und pfeffern.

4 Backofen auf 200° vorheizen, Form einfetten. Den Teig auf wenig Mehl ausrollen und die Form damit auslegen, dabei einen Rand formen. Pastinakenmasse darauf verteilen, mit Käse bestreuen und den Guss darübergießen. Die Wähe mit den gehackten Haselnüssen bestreuen und im Ofen (Mitte) in 40 – 45 Min. goldbraun backen. Vor dem Anschneiden kurz abkühlen lassen.

EINSIEDLER OFETURLI

600 g Pellkartoffeln (vom Vortag) | 70 g Butter | 5 Eier | Salz | Pfeffer | 1/4 TL getrockneter Majoran | 300 g Zwiebeln | 100 g durchwachsener Räucherspeck | 350 g Greyerzer | 200 g Sahne | 200 ml Milch | frisch geriebene Muskatnuss

Schweizer Spezialität

Für 1 Spring- oder Tarteform von 28 cm ∅
(12 Stücke)
25 Min. Zubereitung | 50 Min. Backen
Pro Stück ca. 345 kcal, 14 g EW, 25 g F, 9 g KH

1 Kartoffeln pellen und grob raspeln. 50 g Butter zerlassen, mit etwas flüssiger Butter die Form auspinseln. 1 Ei verquirlen und mit der übrigen flüssigen Butter, 1/2 TL Salz, Pfeffer und Majoran ganz locker unter die Kartoffeln mischen. Die Kartoffelmasse in die Form füllen und vorsichtig an Boden und Rand andrücken. Kühl stellen.

2 Backofen auf 200° vorheizen. Zwiebeln schälen und in feine Ringe schneiden. Speck fein würfeln, Käse reiben. In einer Pfanne 2 EL Butter zerlassen und die Zwiebeln darin bei kleiner Hitze ca. 10 Min. andünsten, sie sollten nicht bräunen. Speck dazugeben und kurz mit andünsten, sodass auch er nur leicht bräunt. Vom Herd nehmen.

3 Sahne, Milch und 4 Eier gut verquirlen. Speck-Zwiebel-Masse und Käse unterrühren und alles mit Salz, Pfeffer und Muskatnuss würzen. Auf dem Kartoffelteig verteilen und den Kuchen im Ofen (Mitte) in 40 – 50 Min. goldbraun backen. Dabei die letzten 15 Min. nur Unterhitze verwenden, damit der Boden schön knusprig wird. Vor dem Anschneiden kurz abkühlen lassen.

ZWIEBELKUCHEN

260 g Mehl | Salz | 175 g kalte Butter | 4 Eier | 800 g Zwiebeln | Pfeffer | 1/3 TL ganzer Kümmel | 100 g durchwachsener Räucherspeck | 250 g saure Sahne | Butter für die Form | Mehl zum Arbeiten

Beliebter Klassiker

Für 1 Spring- oder Tarteform von 28 cm ∅
(12 Stücke)
40 Min. Zubereitung | 40 Min. Backen
Pro Stück ca. 330 kcal, 7 g EW, 25 g F, 20 g KH

1 Für den Mürbeteig 250 g Mehl mit 1/2 TL Salz mischen. 125 g Butter in Flöckchen daraufgeben und alles zwischen den Händen zu feinen Bröseln zerreiben. 1 Ei und 2–4 EL Wasser dazugeben und alles zügig zu einem glatten Teig verkneten. Den Teig zu einer Kugel formen, in Folie wickeln und im Kühlschrank ca. 30 Min. ruhen lassen.

2 Inzwischen Zwiebeln schälen und in grobe Würfel schneiden. In einer Pfanne 50 g Butter zerlassen und die Zwiebeln darin bei kleiner bis mittlerer Hitze in ca. 15 Min. weich dünsten (sie sollten nicht bräunen). Mit Salz, Pfeffer und Kümmel würzen. 1 EL Mehl darüberstäuben, unterrühren und die Pfanne vom Herd nehmen. Den Speck fein würfeln. Saure Sahne mit 3 Eiern verquirlen, mit Salz und Pfeffer würzen und mit den Zwiebeln mischen.

3 Backofen auf 200° vorheizen, Form einfetten. Den Teig auf der bemehlten Arbeitsfläche ausrollen und in die Form legen, dabei einen Rand formen. Zwiebelmasse auf dem Teig verteilen und den Speck darüberstreuen. Den Zwiebelkuchen im Ofen (Mitte) in ca. 35–40 Min. goldgelb backen. Vor dem Anschneiden etwas abkühlen lassen.

MIT FISCH UND FLEISCH

Auch hier haben Sie die Qual der Wahl: Entweder eine edle Quiche mit Fisch und Meeresfrüchten – genau das Richtige, um anspruchsvolle Gäste zu überraschen. Oder deftige Kuchen mit Hackfleisch, Wurst oder indisch gewürztem Huhn – super für die große, unkomplizierte Runde!

GEMÜSEQUICHE MIT SARDELLEN

Der Belag dieser Quiche erinnert an Ratatouille, das provenzalische Schmorgemüse. Also: Den Kuchen aus dem Ofen nehmen und von Südfrankreich träumen.

Für den Teig:
150 g Mehl
100 g Weizenvollkornmehl
Salz | 125 g kalte Butter
1 Ei | Butter für die Form
Mehl zum Arbeiten
Für den Belag:
1 Aubergine (ca. 250 g)
1 Zucchino (ca. 200 g)
600 g rote Paprikaschoten
4 Stangen Staudensellerie
1 große Zwiebel
1 Knoblauchzehe
1 1/2 EL Kapern
1 Glas Sardellen (50 g)
6 EL Olivenöl
Salz | Pfeffer
1 Dose stückige Tomaten (400 g) | Zucker
1 TL getrockneter Oregano
100 g Sahne | 2 Eier
2 EL geriebener Parmesan

Schmeckt nach Sommer

Für 1 Springform von 28 cm ∅ (12 Stücke)
45 Min. Zubereitung | 30 Min. Backen
Pro Stück ca. 265 kcal, 7 g EW, 18 g F, 19 g KH

1 Für den Teig aus Mehl, 1/2 TL Salz, Butter, Ei und 2 – 4 EL Wasser nach Grundrezept (siehe S. 6) einen Mürbeteig zubereiten und diesen in Folie gewickelt ca. 30 Min. kühl stellen.

2 Inzwischen für den Belag das Gemüse putzen und waschen. Aubergine ca. 1 1/2 cm groß würfeln, Zucchino längs vierteln und ebenso wie die Paprikaschoten in ca. 1 cm große Stücke schneiden. Selleriestangen längs halbieren und in kleine Stücke schneiden. Zwiebel und Knoblauch schälen und fein würfeln. Kapern klein hacken. Sardellen waschen, trocken tupfen und klein schneiden.

3 In einer Pfanne 2 EL Öl erhitzen, Zucchino und Aubergine darin bei großer Hitze leicht braun anbraten, salzen, pfeffern und aus der Pfanne nehmen. Nochmals 2 EL Öl erhitzen und Paprika und Sellerie darin anbraten. Ebenfalls salzen, pfeffern und herausnehmen. Zwiebel und Knoblauch im restlichen Öl goldgelb andünsten. Tomaten dazugeben, mit Salz, Pfeffer, 2 Prisen Zucker und Oregano würzen und offen bei großer Hitze unter gelegentlichem Rühren 15 – 20 Min. kochen, bis fast die gesamte Flüssigkeit verdunstet ist. Gegen Garzeitende Kapern und Sardellen unterrühren, dann mit dem Gemüse mischen.

4 Backofen auf 200° vorheizen, Form einfetten. Den Teig auf wenig Mehl ausrollen und in die Form legen, dabei einen Rand formen. Sahne und Eier verquirlen, salzen und pfeffern. Gemüse mit Parmesan mischen und auf dem Teig verteilen, den Guss darübergeben. Im Ofen (Mitte) in 40 – 45 Min. goldbraun backen. Vor dem Anschneiden kurz abkühlen lassen.

FENCHEL-FISCH-QUICHE

Sie suchen das perfekte Gericht für einen gemütlichen Sommerabend mit Freunden? Voilà, hier ist es. Fehlt nur noch ein gut gekühlter Weißwein.

Für den Teig:
125 g Magerquark | 1 Ei | Salz
4 EL Olivenöl | 2–4 EL Milch
250 g Mehl | 1 TL Backpulver
Butter für die Form
Mehl zum Arbeiten

Für den Belag:
750 g Fenchel
50 g schwarze Oliven (ohne Stein)
2 Knoblauchzehen
5 Zweige Thymian
2 EL Olivenöl | Salz | Pfeffer
1 TL gekörnte Gemüsebrühe
4 EL Wermut (ersatzweise Wasser)
450 g festes Fischfilet (z. B. Seelachs)
2–3 EL Zitronensaft
300 g Crème fraîche
3 Eier | 2 Msp. Currypulver

Macht was her

Für 1 Springform von 28 cm ∅ (12 Stücke)
40 Min. Zubereitung | 45 Min. Backen
Pro Stück ca. 290 kcal, 13 g EW, 18 g F, 19 g KH

1 Für den Teig den Quark in einem Sieb abtropfen lassen, dann mit Ei, 1 TL Salz, Öl und 2 EL Milch glatt rühren. Mehl und Backpulver mischen, zuerst die Hälfte des Mehls mit der Quarkmasse verrühren, dann den Rest unterkneten. Falls der Teig zu trocken ist, die übrige Milch unterkneten. Den Teig in einer Schüssel zugedeckt ca. 30 Min. kühl stellen.

2 Inzwischen für den Belag die Fenchelknollen vierteln und die Strünke herausschneiden, die Viertel waschen und quer in schmale Streifen schneiden. Oliven längs halbieren, Knoblauch schälen und fein hacken. Thymian waschen, trocken schütteln, Blätter fein hacken. Das Öl in einer Pfanne erhitzen, Fenchel und Knoblauch darin unter Rühren braten, bis der Fenchel leicht bräunt. Salzen und pfeffern. Die gekörnte Brühe dazugeben, mit Wermut oder Wasser ablöschen, Oliven und Thymian unterrühren. Alles noch 4–6 Min. garen, bis der Fenchel weich ist, aber noch Biss hat.

3 Den Backofen auf 200° vorheizen, die Form einfetten. Fischfilet waschen, trocken tupfen, evtl. längs halbieren und die Hälften in ca. 1 cm dicke Streifen schneiden. Mit Zitronensaft beträufeln, salzen und pfeffern. Crème fraîche und Eier verquirlen, mit Salz, Pfeffer und Currypulver kräftig würzen.

4 Den Teig auf wenig Mehl ausrollen und in die Form legen, dabei einen Rand formen. Fenchelmischung auf dem Teig verteilen, mit Fisch belegen und den Guss darübergeben. Im Ofen (Mitte) in 40–45 Min. goldgelb backen. Die Quiche vor dem Anschneiden kurz abkühlen lassen.

SPINATQUICHE MIT LACHS

Saftiger Räucherlachs im grünen Gemüsebett: So lecker, dass er hinter Gitter muss, sonst wäre er noch schneller weg …

Für den Teig:
350 g Mehl | Salz
150 g kalte Butter | 1 Ei
2 – 4 EL Weißwein
(nach Belieben)
Butter für die Form
Mehl zum Arbeiten
1 Ei zum Bestreichen

Für den Belag:
600 g TK-Blattspinat
1 Zwiebel
2 EL Butter
1/2 TL gekörnte Gemüsebrühe
Salz | Pfeffer
1/2 Bund Petersilie
300 g Stremellachs
(siehe Info)
200 g Crème fraîche
100 g Ricotta | 2 Eier
abgeriebene Schale von
1/2 Bio-Zitrone
frisch geriebene Muskatnuss

Edel | für Gäste

Für 1 Springform von 28 cm ∅
(12 Stücke)
40 Min. Zubereitung |
40 Min. Backen
Pro Stück ca. 395 kcal,
15 g EW, 27 g F, 23 g KH

1 Für den Teig nach Grundrezept (siehe S. 6) einen Mürbeteig zubereiten und diesen in Folie gewickelt ca. 30 Min. kühl stellen.

2 Inzwischen für den Belag den Spinat aus dem Tiefkühlfach nehmen. Zwiebel schälen und fein würfeln. Butter in einem Topf zerlassen, die Zwiebel darin goldgelb andünsten. Spinat dazugeben und unter Rühren bei großer Hitze auftauen. Dabei nach 2 – 3 Min. die gekörnte Brühe unterrühren, salzen und pfeffern (es sollte möglichst viel Flüssigkeit verdunsten). Den Spinat in ein Sieb geben und evtl. gut ausdrücken. Petersilie waschen, trocken schütteln, mit den Stielen hacken und unter den Spinat mischen.

3 Backofen auf 200° vorheizen, die Form einfetten. Den Lachs mit einer Gabel fein zerzupfen (Bild 1). Crème fraîche, Ricotta und die Eier gut verrühren und mit Zitronenschale, Salz, Pfeffer und Muskatnuss kräftig würzen. Ca. zwei Drittel des Teiges auf wenig Mehl ausrollen und in die Form legen, dabei einen Rand formen. Spinat und Lachs mischen und auf dem Teig verteilen, den Guss darübergießen (Bild 2). Den übrigen Teig ausrollen und in ca. 1 cm breite Streifen schneiden. Die Teigstreifen diagonal als Gitter auf die Quiche legen und am Rand leicht andrücken (Bild 3). Das übrige Ei verquirlen und die Teigstreifen damit dünn bestreichen. Die Quiche im Ofen (Mitte) in 35 – 40 Min. goldgelb backen.

INFO

Bei Stremellachs handelt es sich um in Streifen (Stremel) geschnittene Lachsstücke, die im Gegensatz zu normalem Räucherlachs nicht kalt, sondern warm geräuchert werden. Das verleiht ihnen Saftigkeit und ihren besonderen Geschmack.

1
2
3

MEERESFRÜCHTEQUICHE

Mit diesem Kuchen können Sie auch anspruchsvolle Gäste überraschen: Begeisterte Ahs und Ohs sind Ihnen sicher!

Für den Teig:
200 g Mehl | Salz
100 g kalte Butter
200 g Magerquark
3 EL Weißweinessig
Butter für die Form
Mehl zum Arbeiten

Für den Belag:
200 g Möhren
200 g Knollensellerie
1 Fenchelknolle (ca. 200 g)
1 Stange Lauch | Salz
3 Schalotten | 1 EL Butter
50 ml trockener Wermut (nach Belieben)
300 g Sahne
1 Döschen Safran (0,1 g)
1 TL gekörnte Gemüsebrühe
1 Bund Dill
3 Eier | Pfeffer
400 g aufgetaute TK-Meeresfrüchte

Für besondere Anlässe

Für 1 Spring- oder Tarteform von 28 cm ∅ (12 Stücke)
40 Min. Zubereitung | 45 Min. Backen
Pro Stück ca. 285 kcal, 12 g EW, 18 g F, 17 g KH

1 Für den Teig Mehl mit 1 TL Salz mischen, Butter in Flöckchen dazugeben und alles zwischen den Händen zu Bröseln zerreiben. Quark und Essig hinzufügen und alles locker zu einem glatten Teig verkneten. Den Teig auf wenig Mehl ca. 2 cm dick zu einem Rechteck ausrollen. Die Seiten nach innen übereinanderschlagen und das Teigstück nochmals zusammenklappen, in Folie gewickelt ca. 30 Min. kühl stellen.

2 Inzwischen für den Belag das Gemüse putzen, schälen bzw. waschen, auf der Rohkostreibe (oder mit der Küchenmaschine) in schmale Stifte hobeln. Lauch putzen, längs halbieren und gründlich waschen, zuerst in ca. 5 cm lange Stücke und diese in schmale Streifen schneiden. Alles in kochendem Salzwasser 2–3 Min. garen, in ein Sieb abgießen, kalt abbrausen und abtropfen lassen.

3 Schalotten schälen und fein würfeln. Die Butter in einer Pfanne zerlassen und die Schalotten darin goldgelb andünsten. Evtl. mit Wermut ablöschen und diesen fast vollständig verkochen lassen. 100 g Sahne dazugießen, Safran und gekörnte Brühe unterrühren und alles ca. 3 Min. leicht köcheln lassen, dann vom Herd nehmen. Dill waschen, trocken schütteln, Spitzen fein hacken. Safransahne mit übriger Sahne und Eiern verquirlen, kräftig salzen und pfeffern.

4 Den Backofen auf 200° vorheizen, die Form einfetten. Teig auf wenig Mehl ausrollen und in die Form legen, dabei einen Rand formen. Gemüse, gut abgetropfte Meeresfrüchte und Dill mischen und auf dem Teig verteilen, Guss darübergießen. Die Quiche im Ofen (Mitte) in 40–45 Min. goldgelb backen. Herausnehmen und vor dem Anschneiden kurz abkühlen lassen.

Seafood

HÄHNCHEN-CURRY-PIE

Das könnte schon britischen (Kolonial-) Herrschaften geschmeckt haben: die Aromen Indiens unter einem englischen Kuchendeckel.

Für den Teig:
50 ml Milch
120 g Butterschmalz
400 g Mehl | Salz
1 Ei
Butter für die Form
Mehl zum Arbeiten
1 Ei zum Bestreichen
Für die Füllung:
500 g Hähnchenbrustfilet
120 g TK-Erbsen
je 150 g Staudensellerie und Möhren
1 rote Paprikaschote
2 große Zwiebeln
1 Knoblauchzehe
1 Stück Ingwer (ca. 5 cm)
2 EL Butterschmalz
Salz | Pfeffer
1 1/2 EL indische Currypaste (ersatzweise Currypulver)
150 g Naturjoghurt
150 ml Hühnerbrühe
1 Bund Koriandergrün
75 g Sahne

Mal was anderes

Für 1 Spring- oder Tarteform von 28 cm ∅ (12 Stücke)
50 Min. Zubereitung | 40 Min. Backen
Pro Stück ca. 315 kcal, 15 g EW, 15 g F, 28 g KH

1 Für den Teig Milch, 100 ml Wasser und Butterschmalz langsam erhitzen, bis das Schmalz flüssig ist. Mehl und 1/2 TL Salz mischen und 1 Ei unterrühren. Die Schmalzmischung einmal aufkochen, über das Mehl gießen und sofort unterrühren, dann rasch mit den Händen zu einem glatten Teig verkneten. In Folie wickeln und ca. 30 Min. ruhen lassen.

2 Inzwischen für die Füllung das Fleisch waschen, trocken tupfen und klein schneiden. Erbsen antauen lassen. Sellerie putzen und waschen, Möhren schälen, beides längs halbieren und schräg in dünne Scheiben schneiden. Paprika putzen, waschen und grob würfeln. Zwiebeln, Knoblauch und Ingwer schälen und getrennt fein würfeln. Die Hälfte des Schmalzes in einer Pfanne zerlassen, das Fleisch darin rundum hell anbraten, salzen und pfeffern. 1 TL Currypaste unterrühren und alles unter Rühren kurz weiterbraten, dann aus der Pfanne nehmen.

3 Übriges Schmalz in die Pfanne geben und die Zwiebeln darin goldgelb braten. Knoblauch, Ingwer und Gemüse dazugeben und ca. 2 Min. mitbraten. Übrige Currypaste dazugeben und unter Rühren ca. 1 Min. weiterbraten. Die Hälfte des Joghurts und die Brühe unterrühren, salzen, pfeffern und alles zugedeckt bei mittlerer Hitze 8 – 10 Min. garen, dabei etwa nach der Hälfte der Zeit den Deckel abnehmen. Koriander waschen, trocken schütteln und die Blätter fein hacken. Sahne, übrigen Joghurt, Koriander und Fleisch unter das Gemüse mischen, die Pfanne vom Herd nehmen.

4 Den Backofen auf 220° vorheizen, die Form einfetten. Zwei Drittel des Teiges auf wenig Mehl ausrollen und in die Form legen, dabei ca. 1 1/2 cm Teig über den Rand hängen lassen. Füllung in der Form verteilen. Übrigen Teig in Formgröße ausrollen und als Deckel auflegen, überhängenden Teig über den Deckel schlagen und festdrücken. In der Mitte ein ca. 3 cm großes Loch ausschneiden. Übriges Ei verquirlen und den Pie damit bestreichen. Im Ofen (Mitte) ca. 15 Min. backen, dann die Hitze auf 180° reduzieren und den Pie in 20 – 25 Min. goldbraun backen. Herausnehmen und vor dem Anschneiden noch kurz ruhen lassen.

GEMÜSE-HACKFLEISCH-KUCHEN

**Dieser Kuchen macht alle satt und zufrieden:
Viel Hackfleisch und noch mehr Gemüse schmecken Groß und Klein.**

Für den Teig:
1/3 Würfel Hefe (ca. 15 g)
1/2 TL Zucker
1/8 l lauwarme Milch
250 g Mehl | Salz
50 g weiche Butter
Butter für die Form
Mehl zum Arbeiten

Für den Belag:
2 Möhren | 400 g Knollensellerie
1 Stange Lauch | 1 Zwiebel
1 Knoblauchzehe | 3 EL Öl
300 g gemischtes Hackfleisch
Salz | Pfeffer
3/4 TL getrockneter Oregano
1–2 Msp. Chilipulver
2 EL Tomatenmark
80–100 ml Gemüsebrühe
1 Bund Petersilie
100 ml Milch | 2 Eier
200 g Crème fraîche
100 g Allgäuer Emmentaler

Deftiger Sattmacher

Für 1 Springform von 28 cm ∅ (12 Stücke)
45 Min. Zubereitung | 1 Std. Gehen | 35 Min. Backen
Pro Stück ca. 340 kcal, 13 g EW, 23 g F, 20 g KH

1 Für den Teig die Hefe in ein Schälchen bröckeln, Zucker und 50 ml Milch unterrühren und alles zugedeckt ca. 15 Min. gehen lassen. Dann Mehl und 1/2 TL Salz mischen, Butter, übrige Milch und den Hefeansatz dazugeben und alles zu einem glatten Teig verkneten. Mit Mehl bestäuben und zugedeckt an einem warmen Ort ca. 45 Min. gehen lassen.

2 Inzwischen für den Belag Möhren und Sellerie schälen und ca. 1 cm groß würfeln. Lauch putzen, längs halbieren, gründlich waschen und in ca. 1/2 cm dicke Ringe schneiden. Zwiebel und Knoblauch schälen und fein würfeln. 1 EL Öl in einer Pfanne erhitzen, Zwiebel und Knoblauch darin goldgelb andünsten. Hackfleisch dazugeben und unter Rühren krümelig braten, mit Salz, Pfeffer, Oregano und Chili würzen. Tomatenmark unterrühren und kurz mitbraten. Hackmischung aus der Pfanne nehmen.

3 Übriges Öl in der Pfanne erhitzen, das Gemüse darin unter Rühren 2–3 Min. anbraten. Salzen, pfeffern, Brühe dazugießen und alles offen bei mittlerer Hitze 10–15 Min. garen, die Flüssigkeit sollte fast vollständig verdunsten. Die Petersilie waschen, trocken schütteln, mit den Stielen hacken und unterrühren. Die Gemüsemischung vom Herd nehmen.

4 Backofen auf 220° vorheizen, Form einfetten. Den Teig durchkneten und auf wenig Mehl ausrollen, die Form damit auskleiden und einen Rand formen. Milch, Eier und Crème fraîche verrühren. Käse reiben, mit Hackmasse und Gemüse mischen, mit Salz und Pfeffer würzen. Auf dem Teig verteilen, den Guss darübergeben. Den Kuchen im Ofen (Mitte) in 30–35 Min. goldbraun backen.

1

SAUERKRAUTQUICHE

Ein Ofenhit an kalten Tagen: Sauerkraut und Äpfel sorgen bei diesem deftigen Sattmacher für Frische, gesunde Vitamine und den gewissen Pfiff.

Für den Teig:
220 g Mehl
Salz
100 g Schweineschmalz
1 Eigelb
Butter für die Form
Mehl zum Arbeiten

Für den Belag:
500 g Sauerkraut
1 große Zwiebel
2 Äpfel (z. B. Boskop)
1 EL Schweineschmalz
1/3 TL ganzer Kümmel
8 Wacholderbeeren
150 ml Apfelsaft
150 g Kabanossi
100 g Allgäuer Emmentaler
200 g saure Sahne
150 g Sahne
3 Eier
Salz | Pfeffer

Herzhafter Winterschmaus

Für 1 Spring- oder Tarteform von 28 cm ∅ (12 Stücke)
40 Min. Zubereitung | 45 Min. Backen
Pro Stück ca. 350 kcal, 10 g EW, 26 g F, 19 g KH

1 Für den Teig Mehl mit 3/4 TL Salz mischen. Schweineschmalz in Flöckchen, Eigelb und 4–6 EL kaltes Wasser dazugeben. Erst alles mit einem großen Messer zerhacken, dann zügig zu einem glatten Teig verkneten. Zu einer Kugel formen, in Folie wickeln und ca. 30 Min. kühl stellen.

2 Inzwischen für den Belag das Sauerkraut abtropfen lassen und zerzupfen. Zwiebel schälen und fein würfeln. Äpfel waschen, vierteln und die Kerngehäuse entfernen. 6 Apfelviertel schälen und fein würfeln. Das Schmalz in einem Topf zerlassen, die Zwiebel darin goldgelb andünsten. Sauerkraut, Apfelwürfel, Kümmel, Wacholder und Apfelsaft dazugeben und alles zugedeckt bei mittlerer Hitze ca. 15 Min. garen. Die letzten 5 Min. offen garen und öfter umrühren, damit die Flüssigkeit verdunstet. Kabanossi in Scheiben oder Würfel schneiden. Käse reiben und restliche Apfelviertel in Spalten schneiden. Sauerkraut vom Herd nehmen. Kabanossi unterrühren, alles abkühlen lassen.

3 Den Backofen auf 200° vorheizen, die Form einfetten. Teig auf wenig Mehl ausrollen und in die Form legen, dabei einen Rand formen. Saure Sahne, Sahne und Eier verquirlen, salzen und pfeffern. Wacholder aus dem Sauerkraut fischen. Sauerkraut mit Käse mischen und auf dem Teig verteilen, Apfelspalten darauflegen und den Guss darübergießen. Die Quiche im Ofen (Mitte) in ca. 45 Min. goldbraun backen. Herausnehmen und vor dem Anschneiden kurz abkühlen lassen.

BRATWURST-WIRSING-QUICHE

Kohl mit Wurst klingt nach biederer Hausmannskost. Auf knusprigem Boden geben die beiden aber ein überraschend elegantes Paar ab.

Für den Teig:
200 g Mehl | Salz
100 g kalte Butter
1 Ei
2 EL Weißweinessig
Butter für die Form
Mehl zum Arbeiten

Für den Belag:
1 kleiner Wirsing (ca. 800 g)
2 Zwiebeln
3 Thüringer Rostbratwürste (ersatzweise Nürnberger oder andere Bratwürste)
3 EL Öl
200 ml Gemüsebrühe
Salz | Pfeffer
200 g saure Sahne
4 Eier
frisch geriebene Muskatnuss
50 g Bergkäse

Üppig | deftig

Für 1 Spring- oder Tarteform von 28 cm ∅ (12 Stücke)
45 Min. Zubereitung | 45 Min. Backen
Pro Stück ca. 330 kcal, 11 g EW, 26 g F, 15 g KH

1 Für den Teig nach Grundrezept (siehe S. 6) einen Mürbeteig zubereiten und diesen in Folie gewickelt ca. 30 Min. kühl stellen.

2 Inzwischen für den Belag den Wirsing putzen, die äußeren Blätter abziehen und jeweils die dicke Blattrippe herausschneiden. Die Blatthälften quer in ca. 1 cm breite Streifen schneiden. Den restlichen Kohl vierteln, den Strunk keilförmig herausschneiden und die Viertel ebenfalls in ca. 1 cm breite Streifen schneiden. Die Zwiebeln schälen und fein würfeln. Die Wurstmasse aus der Pelle drücken und zerkleinern.

3 In einer Pfanne 2 EL Öl erhitzen, Zwiebeln darin goldgelb andünsten. Den Wirsing dazugeben und unter Rühren ca. 2 Min. mitbraten. Brühe dazugießen, salzen, pfeffern und den Wirsing bei mittlerer Hitze offen ca. 8 Min. dünsten (dabei sollte möglichst viel Flüssigkeit verdunsten), dann herausnehmen. Übriges Öl in der Pfanne erhitzen, die Wurststücke darin rundum anbraten.

4 Den Backofen auf 190° vorheizen, die Form einfetten. Den Teig auf wenig Mehl ausrollen und in die Form legen, dabei einen Rand formen. Saure Sahne und Eier gut verquirlen, mit Salz, Pfeffer und Muskatnuss würzen. Den Käse reiben. Wirsing (evtl. überschüssige Garflüssigkeit ausdrücken), Wurst und Käse mischen und auf dem Teig verteilen, den Guss darübergießen. Die Quiche im Ofen (Mitte) in ca. 45 Min. goldbraun backen. Herausnehmen und vor dem Anschneiden kurz abkühlen lassen.

TÜRKISCHE HACKFLEISCHPASTETE

Dazu passt perfekt ein frischer grüner Salat: Diese würzige, saftige Pastete weckt bei mir Erinnerungen an Sommer, Sonne und Urlaub.

Für den Teig:
125 g Mehl | Salz
125 g kalte Butter
125 g Magerquark
Butter für die Form
Mehl zum Arbeiten

Für den Belag:
4–5 grüne Spitzpaprikaschoten
2 kleine Zwiebeln
1 Knoblauchzehe
1/2 Bund Petersilie
8 Stängel Minze
120 g Schafskäse (Feta)
4 EL Olivenöl | Salz | Pfeffer
500 g Lammhackfleisch
1 TL getrockneter Oregano
1 TL Pul biber (türk. Paprikaflocken; ersatzweise 1–2 Msp. Chilipulver)
4 EL Tomatenmark
200 g Naturjoghurt | 2 Eier

Orientalisch

Für 1 Spring- oder Tarteform von 28 cm ∅ (12 Stücke)
45 Min. Zubereitung | 35 Min. Backen
Pro Stück ca. 315 kcal, 14 g EW, 24 g F, 11 g KH

1 Für den Teig das Mehl mit 1 gestrichenen TL Salz mischen. Die Butter in Flöckchen und den Quark zuerst mit einem Messer rasch unter das Mehl hacken, dann alles mit den Händen zu einem glatten Teig verkneten. Zu einer Kugel formen, in Folie wickeln und ca. 30 Min. kühl stellen.

2 Inzwischen für den Belag die Paprikaschoten putzen, waschen und in ca. 1 cm große Stücke schneiden. Zwiebeln und Knoblauch schälen und fein würfeln. Petersilie und Minze waschen und trocken schütteln, Blätter fein hacken. Den Schafskäse mit einer Gabel klein zerkrümeln.

3 In einer Pfanne 2 EL Öl erhitzen und die Paprikastücke darin bei großer Hitze 2–3 Min. anbraten. Salzen, pfeffern und herausnehmen. Übriges Öl in die Pfanne geben und Zwiebeln und Knoblauch darin glasig andünsten. Hackfleisch dazugeben, mit Oregano, Salz, Pfeffer und Pul biber würzen und unter Rühren braten, bis es krümelig ist und leicht bräunt. Tomatenmark unterrühren und alles noch kurz weiterbraten. Die Pfanne vom Herd nehmen, Paprika und frische Kräuter unterrühren.

4 Backofen auf 220° vorheizen, die Form einfetten. Joghurt und Eier verrühren und mit Salz und Pfeffer würzen. Teig auf wenig Mehl ausrollen und in die Form legen, dabei einen Rand formen. Hackfleisch darauf verteilen, mit Schafskäse bestreuen und den Joghurtguss darübergießen. Die Hackfleischpastete im Ofen (Mitte) in 30–35 Min. goldbraun backen. Vor dem Anschneiden kurz abkühlen lassen und mit frischem Salat servieren.

KLEIN UND FEIN

Keinen großen Hunger, dafür umso mehr Appetit auf knusprigen Teig mit feinem Belag? Oder möchten Sie Ihre pikanten Kuchen am liebsten mit ganz vielen Freunden teilen? Dann werden Sie hier fündig – mit kleinen Quiches, Tarteletts und Pastetchen wie Tomaten-Tartes-Tatins, Schweizer Chäschüechli oder würzigen Birnen-Gorgonzola-Törtchen.

WINZERFLADEN MIT TRAUBEN

Für mich gibt es nichts Besseres zu einem Glas jungem Wein oder neuem Federweißen: würzige Hefefladen, direkt vom Blech auf die Hand.

Für den Teig:
$^{1}/_{2}$ Würfel Hefe (ca. 20 g)
$^{1}/_{2}$ TL Zucker
300 g Mehl | Salz
3 EL Olivenöl
Mehl zum Arbeiten

Für den Belag:
2 große rote Zwiebeln
200 g Endiviensalat
150 g blaue Weintrauben
50 g Walnüsse
2 EL Olivenöl
1 TL Butter
Salz | Pfeffer
150 g saure Sahne
100 g Magerquark
1 Ei
80 g Schinkenspeckwürfel

Herbstlich | würzig

Für 6 Fladen
40 Min. Zubereitung |
1 Std. Gehen | 30 Min. Backen
Pro Fladen ca. 460 kcal,
16 g EW, 24 g F, 45 g KH

1 Für den Teig die Hefe in ein Schälchen bröckeln, den Zucker darüberstreuen und 50 ml lauwarmes Wasser dazugießen. Alles gut verrühren, bis sich die Hefe aufgelöst hat, und zugedeckt an einem warmen Ort ca. 15 Min. gehen lassen. Dann das Mehl mit $^{3}/_{4}$ TL Salz mischen. Den Hefeansatz, das Öl und 130 ml lauwarmes Wasser dazugießen und alles zu einem weichen Teig verkneten. Mit Mehl bestäuben und den Teig zugedeckt an einem warmen Ort ca. 45 Min. gehen lassen.

2 Inzwischen für den Belag die Zwiebeln schälen, längs halbieren und in dünne Streifen schneiden. Endiviensalat putzen, waschen und in ca. 1 cm breite Streifen schneiden. Trauben waschen, halbieren und evtl. entkernen, Walnüsse grob hacken. Das Öl in einer Pfanne erhitzen, die Zwiebeln darin goldgelb andünsten und herausnehmen. Die Butter in der Pfanne zerlassen, den Salat darin bei großer Hitze unter Rühren kurz zusammenfallen lassen. Salzen, pfeffern und in einem Sieb abtropfen lassen.

3 Den Backofen auf 225° vorheizen, ein Blech mit Backpapier auslegen. Den Teig nochmals durchkneten und in 6 Stücke teilen. Jedes Teigstück auf wenig Mehl zu einer Kugel formen und ca. $^{1}/_{2}$ cm dick ausrollen, dabei einen dickeren Rand formen. Die Fladen auf das Blech legen. Saure Sahne, Quark und Ei gut verrühren, salzen und pfeffern. Je die Hälfte von Zwiebeln, Speck und Salat unterrühren und die Masse auf den Fladen verstreichen. Übrige Zwiebeln, Speck und Salat sowie Trauben und Walnüsse darauf verteilen. Im Ofen (Mitte) in ca. 30 Min. goldgelb backen.

RADIESCHENTARTELETTS

200 g Mehl | Salz | 100 g kalte Butter | 1 Eigelb | 2 Bund Radieschen | 1 Bund Schnittlauch | 70 g Allgäuer Emmentaler | 500 g Magerquark | 4 Eier | Pfeffer | 1/4 TL edelsüßes Paprikapulver | 200 g Sahne | Butter für die Form | Mehl zum Arbeiten

Erfrischend frühlingshaft

Für 8 Förmchen von 10 cm ∅
40 Min. Zubereitung | 35 Min. Backen
Pro Stück ca. 405 kcal, 19 g EW, 26 g F, 23 g KH

1 Aus Mehl, 1/2 TL Salz, Butter, Eigelb und 2–4 EL Wasser nach Grundrezept (siehe S. 6) einen Mürbeteig zubereiten. Den Teig zu einer Kugel formen, in Folie wickeln und ca. 30 Min. kühl stellen.

2 Inzwischen für den Belag die Radieschen putzen, waschen und in 3–4 mm dicke Scheiben schneiden. Schnittlauch waschen, trocken schütteln und in Röllchen schneiden, den Käse reiben. Den Quark gut mit den Eiern verrühren, Käse und Schnittlauch unterrühren und alles kräftig mit Salz, Pfeffer und Paprika würzen. Die Sahne mit den Schneebesen des Handrührgeräts steif schlagen und unter die Quarkmasse heben.

3 Den Backofen auf 200° vorheizen, die Förmchen einfetten. Den Teig auf der bemehlten Arbeitsfläche ausrollen und die Förmchen damit auskleiden, dabei jeweils einen Rand formen. Quarkmasse auf dem Teig verteilen, Radieschen darüberstreuen und etwas in den Guss drücken. Die Törtchen im Ofen (Mitte) in 30–35 Min. goldgelb backen. Anschließend im ausgeschalteten Ofen noch ca. 10 Min. ruhen lassen, dann am besten mit einem frischen Blattsalat servieren.

GRÜNE GARNELENTÖRTCHEN

250 g Mehl | Salz | 145 g kalte Butter | 3 Eier | 300 g TK-Spinat | 1 Zwiebel | 1 Knoblauchzehe | Pfeffer | frisch geriebene Muskatnuss | je 1 Bund Dill und Petersilie | 250 g rohe, geschälte Garnelen | 2 EL Zitronensaft | 200 g Doppelrahmfrischkäse | 50 g Sahne | Butter für die Form | Mehl zum Arbeiten

Fein | für Gäste

Für 6 Förmchen von 12 cm ∅
45 Min. Zubereitung | 35 Min. Backen
Pro Stück ca. 540 kcal, 18 g EW, 37 g F, 34 g KH

1 Aus Mehl, 1/2 TL Salz, 125 g Butter, 1 Ei und 2 – 4 EL Wasser nach Grundrezept (siehe S. 6) einen Mürbeteig zubereiten. Alles zu einem glatten Teig verkneten und zu einer Kugel formen. Den Teig in Folie wickeln und bis zur Verarbeitung im Kühlschrank ca. 30 Min. ruhen lassen.

2 Inzwischen für den Belag den Spinat antauen lassen. Zwiebel und Knoblauch schälen und fein würfeln. 2 EL Butter in einem Topf zerlassen, Zwiebel und Knoblauch darin goldgelb andünsten. Spinat dazugeben und unter Rühren ca. 5 Min. mitdünsten, sodass möglichst viel Flüssigkeit verdunstet. Mit Salz, Pfeffer und Muskat würzen. Kräuter waschen, trocken schütteln, Blätter grob hacken und unter den Spinat rühren. Garnelen waschen, trocken tupfen und im Zitronensaft wenden.

3 Backofen auf 200° vorheizen, Förmchen einfetten. Den Teig auf der bemehlten Arbeitsfläche ausrollen und die Förmchen damit auskleiden, dabei jeweils einen Rand formen. Frischkäse, Sahne und 2 Eier verrühren, mit Salz, Pfeffer und Muskatnuss würzen. Spinat und Garnelen mischen, auf dem Teig verteilen und den Guss darübergeben. Die Törtchen im Ofen (Mitte) 30 – 35 Min. backen.

MINIQUICHES MIT ROTER BETE

Schnell gemacht und trotzdem fein für Gäste: Dank vorgegarter Rote Bete und Räucherfisch stehen die Miniquiches ruck, zuck auf dem Tisch.

Für den Teig:
250 g Dinkelmehl
Salz
125 g kalte Butter
1 Ei
Butter für die Form
Mehl zum Arbeiten

Für den Belag:
500 g gegarte Rote Bete (vakuumverpackt)
1 TL Weißweinessig
2 geräucherte Forellenfilets (ca. 100 g, ohne Haut)
150 g Crème fraîche
100 g saure Sahne
2 Eier
2 TL Meerrettich (aus dem Glas)
Salz | Pfeffer
1/2 Bund Dill

Schnell | unkompliziert

Für 8 Förmchen von 10 cm ∅
40 Min. Zubereitung | 35 Min. Backen
Pro Stück ca. 420 kcal, 14 g EW, 28 g F, 27 g KH

1 Für den Teig aus Mehl, 1/2 TL Salz, Butter, 1 Ei und 2–4 EL Wasser nach Grundrezept (siehe S. 6) einen Mürbeteig zubereiten und diesen in Folie gewickelt ca. 30 Min. kühl stellen.

2 Inzwischen für den Belag die Rote Bete abtropfen lassen, in kleine Würfel schneiden (dabei Einweghandschuhe tragen, die Knollen färben!) und mit dem Essig mischen. Die Forellenfilets in kleine Stücke schneiden. Crème fraîche, saure Sahne, Eier und Meerrettich verquirlen und den Guss salzen und pfeffern. Den Dill waschen, trocken schütteln, die Spitzen fein hacken.

3 Den Backofen auf 200° vorheizen, die Förmchen einfetten. Den Teig auf der bemehlten Arbeitsfläche ausrollen und die Förmchen damit auskleiden, dabei jeweils einen Rand formen. Rote-Bete-Würfel, Forellen und Dill mischen, in die Förmchen verteilen und den Guss darübergießen. Im Ofen (Mitte) in 30–35 Min. goldbraun backen. Vor dem Servieren kurz abkühlen lassen.

TIPP

Wenn ich die Törtchen meinen Gästen mit einem kleinen, feinen Extra servieren möchte, bereite ich noch einen Apfel-Meerrettich-Dip zu: Dafür 2–3 cm frische Meerrettichwurzel schälen, fein raspeln und sofort mit 1 grob geraspelten Apfel und 1 TL Zitronensaft mischen. Die Mischung unter 250 g Schmand heben und den Dip mit Salz, Pfeffer und evtl. noch etwas Zitronensaft würzen.

OLIVEN-RICOTTA-TARTELETTS

200 g Mehl | Salz | 6 EL geriebener Parmesan | 100 g kalte Butter | 4 Schalotten | 1 Knoblauchzehe | 6 Zweige Thymian | 2 EL Olivenöl | 100 g schwarze Oliven (ohne Stein) | 8 getrocknete, in Öl eingelegte Tomaten | 300 g Ricotta | 100 g Sahne | 3 Eier | Pfeffer | Chilipulver | Butter für die Form | Mehl zum Arbeiten

Für die Sommerparty

Für 8 Förmchen von 10 cm ∅
40 Min. Zubereitung | 30 Min. Backen
Pro Stück ca. 425 kcal, 11 g EW, 32 g F, 22 g KH

1 Das Mehl mit 3/4 TL Salz und 2 EL Parmesan mischen. Die Butter in Flöckchen dazugeben und alles zwischen den Händen zu Bröseln zerreiben. 5 – 7 EL kaltes Wasser dazugeben und alles zügig zu einem glatten Teig verkneten. In Folie gewickelt ca. 30 Min. kühl stellen.

2 Inzwischen den Backofen auf 200° vorheizen. Schalotten und Knoblauch schälen und fein würfeln. Thymian waschen, trocken schütteln, Blätter hacken. Das Öl in einer Pfanne erhitzen, Schalotten und Knoblauch darin goldgelb andünsten, den Thymian unterrühren. Oliven und Tomaten abtropfen lassen und klein schneiden. Ricotta, Sahne und Eier mit dem Schneebesen verquirlen. Schalottenmasse, 4 EL Parmesan, Oliven und Tomaten unterrühren, mit Salz, Pfeffer und Chilipulver würzen.

3 Die Förmchen einfetten. Den Teig auf der bemehlten Arbeitsfläche ausrollen, die Förmchen damit auskleiden, dabei jeweils einen Rand formen. Die Olivenmasse daraufgeben und die Tarteletts im Ofen (Mitte) 25 – 30 Min. backen. Vor dem Servieren kurz abkühlen lassen.

VARIANTE ARTISCHOCKENTARTELETTS

Anstelle von schwarzen Oliven und Tomaten schmecken die Tarteletts auch mit 100 g grünen Oliven und 150 g abgetropften, geviertelten Artischockenherzen aus der Dose. Die Olivenmasse dann zusätzlich mit 2 Msp. abgeriebener Bio-Zitronenschale und 2 – 3 Spritzern Zitronensaft abschmecken.

SCHWEIZER CHÄSCHÜECHLI

75 g Butter | 165 g Mehl | Salz | 2 EL Weißweinessig | 250 g Greyerzer | 100 g Appenzeller | 200 g Sahne | 100 ml Milch | 2 Eier | 2 Eigelb | Pfeffer | Butter für die Form | Mehl zum Arbeiten

Fürs Büfett

Für 8 Förmchen von 10 cm ∅
15 Min. Zubereitung | 1 Std. Ruhen | 40 Min. Backen
Pro Stück ca. 450 kcal, 18 g EW, 34 g F, 17 g KH

1 Butter zerlassen. 150 g Mehl mit 1/4 TL Salz mischen. Butter mit 50 ml Wasser und Essig dazugießen, alles mit einem Löffel zu einem Teig verrühren. In Folie gewickelt ca. 1 Std. kühl stellen.

2 Backofen auf 200° vorheizen, die Förmchen einfetten. Den Teig auf wenig Mehl ausrollen und die Förmchen damit auskleiden, dabei jeweils einen Rand formen. Käse reiben. Sahne, Milch, 1 EL Mehl, Eier und Eigelbe verquirlen. Käse unterrühren, salzen und pfeffern. Die Masse auf den Teig gießen. Im Ofen (Mitte) 30 – 40 Min. backen.

BIRNEN-GORGONZOLA-TÖRTCHEN

6 quadratische Scheiben TK-Blätterteig (300 g) | 3 kleine, rundliche Birnen | 2 – 3 EL Zitronensaft | 150 g Gorgonzola | 100 g Schmand | 1 Ei | 100 g Mascarpone | Salz | Pfeffer | 3 EL gemahlene Mandeln

Klassisch kombiniert

Für 6 Förmchen von 12 cm ∅
25 Min. Zubereitung | 25 Min. Backen
Pro Stück ca. 455 kcal, 10 g EW, 35 g F, 25 g KH

1 Teigscheiben nebeneinander auf einem Kuchengitter antauen lassen. Birnen schälen, halbieren und entkernen. Birnenhälften längs fächerartig in dünne Spalten schneiden, sodass sie oben zusammenhalten. Sofort mit Zitronensaft bepinseln.

2 Backofen auf 180° vorheizen. Gorgonzola würfeln, mit Schmand und Ei pürieren. Mascarpone unterrühren und alles mit Salz, Pfeffer und übrigem Zitronensaft würzen. Blätterteig in die Förmchen legen, Mandeln darauf streuen. Je 1 Birnenhälfte auf den Teig legen und leicht auffächern, mit Käsecreme begießen. Im Ofen (Mitte) ca. 25 Min. backen.

TOMATEN-TARTES-TATINS

220 g Mehl | Salz | 160 g sehr weiche Butter | 2 – 3 EL Milch | 1 Ei | 600 g Kirschtomaten | 1 Knoblauchzehe | 1 – 2 Zweige Rosmarin | 2 EL Zucker | Pfeffer | 2 – 3 EL Aceto balsamico | Mehl zum Arbeiten

Feine Vorspeise

Für 6 Förmchen von 8 cm ∅
25 Min. Zubereitung | 2 Std. Ruhen | 20 Min. Backen
Pro Stück: ca. 370 kcal, 6 g EW, 24 g F, 32 g KH

1 Für den Teig das Mehl mit 1/2 TL Salz mischen. 150 g Butter in einer Schüssel mit einem Holzlöffel verrühren, dann Milch und Ei gründlich unterrühren. Mehl nach und nach dazugeben und unterrühren. Zuletzt den Teig mit den Händen mit wenig Druck zu einer Kugel formen, in Folie wickeln und ca. 2 Std. kühl stellen.

2 Den Backofen auf 200° vorheizen. Tomaten waschen, Knoblauch schälen und fein würfeln. Rosmarin waschen, trocken schütteln, Nadeln hacken. Zucker in einer Pfanne hellbraun karamellisieren. 1 EL Butter, Tomaten, Rosmarin und Knoblauch dazugeben, salzen und pfeffern. Alles unter Rühren 3 – 4 Min. braten, bis der Karamell wieder flüssig ist und die Tomaten leicht aufplatzen. Mit Essig ablöschen und kurz durchrühren, dann Tomaten samt Garsud in den Förmchen verteilen.

3 Teig in 6 Stücke teilen, jedes auf wenig Mehl zu einem Kreis von 8 cm ∅ ausrollen. Jeweils 1 Teigkreis auf die Tomaten legen und am Rand nach unten in die Form drücken. Im Ofen (Mitte) in 15 – 20 Min. goldbraun backen. Kurz abkühlen lassen, dann auf Teller stürzen. Sollten dabei Sud oder Tomaten an der Form kleben bleiben, einfach auf die Tartes zurückgeben. Lauwarm servieren.

ZIEGENKÄSETARTELETTS

250 g Mehl | Salz | 120 g kalte Butter | 3 Eier | 6 Feigen | 2 Zweige Rosmarin | 3 EL Honig | 120 ml Portwein | 1–2 EL Aceto balsamico | Pfeffer | 300 g Ziegenkäse-Rolle | 100 g Frischkäse | 100 g Sahne | Butter für die Form | Mehl zum Arbeiten

Für Gäste

Für 6 Förmchen von 12 cm ∅
40 Min. Zubereitung | 35 Min. Backen
Pro Stück: ca. 595 kcal, 22 g EW, 36 g F, 40 g KH

1 Aus Mehl, 1/2 TL Salz, 100 g Butter, 1 Ei und 2–4 EL Wasser nach Grundrezept (siehe S. 6) einen Mürbeteig zubereiten. Den Teig in Folie wickeln und ca. 30 Min. kühl stellen.

2 Inzwischen Feigen waschen und achteln. In einer Pfanne 2 EL Butter zerlassen, Feigen und 1 Zweig Rosmarin darin ca. 1 Min. andünsten. Honig und Portwein unterrühren und 3–5 Min. einköcheln lassen. Mit Essig, Salz und Pfeffer würzen und abkühlen lassen. Rosmarin herausfischen.

3 Ofen auf 200° vorheizen, Förmchen einfetten. Den Teig auf der bemehlten Arbeitsfläche ausrollen und die Förmchen damit auskleiden, dabei jeweils einen Rand formen. Ziegenkäse in 6 gleich dicke Scheiben schneiden. Übrigen Rosmarin waschen, trocken schütteln, Nadeln fein hacken. 2 Eier, Frischkäse, Sahne und Rosmarin verrühren, salzen und pfeffern. Je 1 Scheibe Käse auf den Teig legen und mit Guss begießen. Die Tarteletts im Ofen (Mitte) in 25–30 Min. goldgelb backen. Herausnehmen, etwas abkühlen lassen und mit den Portweinfeigen servieren.

LAMM-AUBERGINEN-PASTETCHEN

Unwiderstehlich gut: kleine Überraschungspakete aus hauchdünnem Knusperteig mit dem Duft von 1001 Nacht.

800 g mageres Lammfleisch (aus der Keule)
1 große Zwiebel
2 Knoblauchzehen
1 Bund Koriandergrün
1 Bund Petersilie
3 Auberginen (ca. 750 g)
Salz | Pfeffer
1 EL Mehl
1–2 TL Ras-el-Hanout (oriental. Gewürzmischung)
2 Msp. Zimtpulver
2 EL Rosinen
1–2 EL Zitronensaft
500 g Filo- oder Yufka-Teig (4 runde Blätter)
80 g Butter
250 g Naturjoghurt (nach Belieben)
Olivenöl zum Braten

Orientalischer Klassiker

Für 8 Stück
1 Std. Zubereitung | 25 Min. Backen
Pro Stück: ca. 610 kcal, 23 g EW, 46 g F, 25 g KH

1 Sichtbares Fett und Sehnen vom Lammfleisch entfernen und das Fleisch ca. 1 cm groß würfeln. Zwiebel und Knoblauch schälen, getrennt fein würfeln. Koriander und Petersilie waschen, trocken schütteln, Blätter grob hacken. Auberginen putzen, waschen und ca. 1 cm groß würfeln (Bild 1).

2 Ausreichend Öl in einer Pfanne erhitzen und das Fleisch darin (evtl. in zwei Portionen) rundum anbraten (Bild 2). Salzen, pfeffern, aus der Pfanne nehmen. Evtl. etwas Öl zum Bratensatz geben, Zwiebel und die Hälfte des Knoblauchs darin goldgelb andünsten. Fleisch wieder dazugeben, mit Mehl bestäuben, kurz durchrühren. 1/8 l Wasser dazugießen, Ras-el-Hanout, Zimt, Rosinen und Zitronensaft unterrühren, alles 2–3 Min. köcheln lassen. Gehackte Kräuter unterrühren, alles aus der Pfanne nehmen.

3 Die Pfanne reinigen, reichlich Öl hineingeben und erhitzen. Die Auberginen darin bei großer Hitze rundum anbraten, übrigen Knoblauch dazugeben. Alles salzen, pfeffern und kurz weiterbraten, dann unter das Fleisch mischen.

4 Den Backofen auf 180° vorheizen, ein Backblech mit Backpapier auslegen. Die Teigblätter ausbreiten und vierteln. Butter zerlassen, Teigviertel damit dünn bestreichen. Je 2 Teigviertel versetzt so übereinanderlegen, dass 6 Ecken entstehen. Je ein Achtel der Füllung daraufgeben (Bild 3), Teigecken nach innen schlagen, mit Butter bepinseln. Fertige Pastetchen auf das Blech setzen. Im Ofen (Mitte) in ca. 25 Min. goldbraun backen. Nach Belieben mit Joghurt zum Dippen servieren.

1

2

3

REGISTER

Damit Sie Rezepte mit bestimmten Zutaten noch schneller finden, sind in diesem Register auch beliebte Zutaten wie **Lauch** oder **Tomaten** alphabetisch eingeordnet und hervorgehoben. Darunter finden Sie das Rezept Ihrer Wahl. Vegetarische Rezepte, die im Buch mit einem gekennzeichnet sind, sind hier grün abgesetzt.

Projektleitung: Kathrin Ullerich
Lektorat: Kathrin Gritschneder
Korrektorat: Petra Bachmann
Layout, Typografie und Umschlaggestaltung: independent Medien-Design, Horst Moser, München
Illustrationen: Julia Hollweck
Satz: Kösel, Krugzell
Herstellung: Sigrid Frank
Reproduktion: Repro Ludwig, Zell am See
Druck und Bindung: Firmengruppe APPL, aprinta druck, Wemding
Syndication: www.jalag-syndication.de

4. Auflage 2014
ISBN 978-3-8338-3431-8
www.facebook.com/gu.verlag

GRÄFE UND UNZER

Ein Unternehmen der
GANSKE VERLAGSGRUPPE

Die Autorin

Tanja Dusy kocht leidenschaftlich gerne für Familie, Freunde und Gäste. Wenn Letztere kommen, bäckt sie oft eine Quiche – dabei probiert sie immer wieder Neues aus. Ideen für ihre Rezepte findet sie im Alltag und noch lieber auf Reisen. Im GRÄFE UND UNZER VERLAG sind bereits zahlreiche prämierte Kochbücher von Tanja Dusy erschienen.

Der Fotograf

Wolfgang Schardt kann seine Liebe für Essen und Trinken beruflich ausleben: In seinem Studio in Hamburg fotografiert er vor allem Food, Stills und Interieur für Magazine, Verlage und Werbung. Tatkräftig unterstützt wurde er dieses Mal von Anne-Katrin Weber (Foodstyling) und Janet Hesse (Fotoassistenz).

Bildnachweis

Autorenfoto: Monika Schürle, Berlin
Alle anderen Fotos: Wolfgang Schardt

Titelrezept

Spinatquiche mit Lachs (S. 32)

Umwelthinweis:
Dieses Buch ist auf PEFC-zertifiziertem Papier aus nachhaltiger Waldwirtschaft gedruckt.

QUALITÄTS GU GARANTIE

Liebe Leserin, lieber Leser,

haben wir Ihre Erwartungen erfüllt? Sind Sie mit diesem Buch zufrieden? Haben Sie weitere Fragen zu diesem Thema? Wir freuen uns auf Ihre Rückmeldung, auf Lob, Kritik und Anregungen, damit wir für Sie immer besser werden können.

GRÄFE UND UNZER Verlag
Leserservice
Postfach 86 03 13
81630 München
E-Mail:
leserservice@graefe-und-unzer.de

Telefon: 00800 / 72 37 33 33*
Telefax: 00800 / 50 12 05 44*
Mo–Do: 8.00–18.00 Uhr
Fr: 8.00–16.00 Uhr
(gebührenfrei in D, A, CH)*

Ihr GRÄFE UND UNZER Verlag
Der erste Ratgeberverlag – seit 1722.

Backofenhinweis:
Die Backzeiten können je nach Herd variieren. Die Temperaturangaben in unseren Rezepten beziehen sich auf das Backen im Elektroherd mit Ober- und Unterhitze und können bei Gasherden oder Backen mit Umluft abweichen. Details entnehmen Sie bitte Ihrer Gebrauchsanweisung.

So viel mehr lecker.

ISBN 978-3-8338-3427-1

ISBN 978-3-8338-3436-3

ISBN 978-3-8338-3430-1

ISBN 978-3-8338-3432-5

ISBN 978-3-8338-3435-6

Erhältlich im App Store

e Alle hier vorgestellten Bücher sind auch als eBook erhältlich.

Mehr von GU auf **www.gu.de** und
facebook.com/gu.verlag

G|U

Willkommen im Leben.

FRISCH UND KNACKIG

Ein leichter, frischer Salat ist der ideale Begleiter zur üppigen Quiche. Und je nach Saison macht ein anderer Kandidat das Rennen.

FRÜHLINGSSALAT MIT RADIESCHEN

Für 4 Personen: 1 Kopfsalat und 1 Handvoll Portulak (ersatzweise Rucola) putzen und gründlich waschen. Den Salat in einzelne Blätter zerzupfen und mit dem Portulak trocken schleudern. 1 Bund Radieschen putzen, waschen und in feine Scheiben schneiden. Die Kresse von 1 Beet schneiden. 1–2 EL Zitronensaft und 1 TL Zucker verrühren, bis sich der Zucker aufgelöst hat. Dann diese Mischung mit 75 g Sahne und 100 g saurer Sahne verrühren. Das Dressing mit Salz, Pfeffer und evtl. nochmals Zitronensaft abschmecken und mit den Salatzutaten mischen.

SOMMERSALAT MIT RUCOLA

Für 4 Personen: 500 g (Fleisch-)Tomaten waschen und quer in Scheiben schneiden, dabei die Stielansätze entfernen (große Scheiben evtl. halbieren oder vierteln). $^{1}/_{2}$ Salatgurke schälen, längs vierteln und in Stücke schneiden. 1 Bund Rucola putzen, waschen, trocken schleudern und in Stücke zupfen. 3 EL Weißweinessig, 1 EL Aceto balsamico und $1^{1}/_{2}$ EL Honig gut verrühren, mit Salz und Pfeffer würzen. Dann 3 EL Olivenöl unterschlagen und die Vinaigrette mit den Salatzutaten mischen. 3 Stängel Basilikum waschen, trocken schütteln, Blätter zerzupfen und über den Salat streuen.